AF191751

poeme_edition:kieber

BEN KRETLOW

#DIELETZTEFARBE

herausgegeben von

Sternen Blick

www.sternenblick.org
kontakt@sternenblick.org

Coverbild: © orlovanata - fotolia.com
Covergestaltung & Buchsatz: Stephanie Mattner

produziert von EDITION KIEBER
Copyright © 2016 by Ben Kretlow. Alle Rechte vorbehalten.
Alle Stücke geschrieben, bearbeitet, konzipiert
und aufgezeichnet von Ben Kretlow.

Kontakt: ben.kretlow@web.de
Facebook: www.facebook.com/pages/Ben-Kretlow
Twitter: www.twitter.com/BenKretlow

Herstellung und Verlag:
BoD - Books on Demand, Norderstedt

ISBN: 978-3-8391-4205-9

stand der ermittlungen

lina, jurek, beide leblos:
vermutlich aufgefunden zwischen dem
zerfledderten stapel junge Welt / neues
deutschland + der letzten verwelkten rose
in der hand des mädchens. wie prädestiniert:
keine zeugen, nur vermutungen / theorien / theater;
alles wie immer, wenn geschichten enden
mitten im

heimlich

– aber nur wie, wenn ich an dich denke:
und du, ja, hast noch dein ganzes leben...

ein stummes bekennen

lina, wenn alles dazu verdammt ist,
sehnsucht aus unsren zeilen zu streichen,
bevor mein brief in deinen händen liegt
(+ ich halte deinen), dann füge ich jedes
noch so unscheinbare wort so bedeutend ein,
dass du mehr verstehst als sie herauslesen,
wenn ich dir von mir erzähle

vielleicht aber, lina, werden die 3 seiten papier
nicht bei dir ankommen oder eine
wird fehlen + du erkennst sofort
auf dem kuvert, dass es nicht meine hand war,
die die feder führte (glaub ihnen dann
bloß nie irgendein wort + lächle)

wenn du die wohnung verlässt
am frühen abend um ¾ sieben
+ hinter der straßenlaterne an dem bordstein
gegenüber im dunkeln wartet ein auto,
das erst in bewegung kommt,
wenn du genügend schritte entfernt bist
+ 2 paar augen sich partout nicht lösen
können von deinem schatten

keine der letzten nächte hat irgendwas
von dir verraten, der fernsehfilm ist aus.
was mir jetzt bleibt: die wahl zwischen dir
+ dem vergessen um dich, was mir
aber nicht gelingt, weil ich es schon so lange probiere,
also bleibst du.
ich gehe an den kühlschrank + nehme heraus
die letzte halbe flasche wein
+ setze mich mit ihr ans fenster:
hier rufe ich deinen namen ganz laut heraus,
als ich beobachte jeden schatten, jede silhouette,
der/die da geht auf dem nassen asphalt,
aber du bist keine mehr von denen da unten.
du bist keine mehr von denen,
die zu mir gelaufen kommen, wenn ich rufe.
kein versuch von mir könnte angestrengt genug sein,
um dein schweigen auf irgendeine weise
noch einmal durchdringen zu können.
+ das allein wird mich heilen von dir
(also machst du alles richtig), während ich noch
immer deinen duft (der mich nicht loslässt)
wie besessen von meiner haut herunterkratze.

unterm neonlicht

von ihren berührungen die zärtlichsten,
von ihren haltungen die aufrichtigste,
von ihren gesichtern das durchdringen
+ enttarnen falscher bekenntnisse
unterm neonlicht, aber nie
einen ihrer küsse.
nie

das ist kassandra, und:
wen sieht sie, wenn sie nach vorne blickt
in die kühlen augen des morgens
in das beißende licht, das nur zu verschleiern versucht

ihre vertrauten konturen, ihr geheimnis, ihre abgründe
in dem moment wenn sie wen sieht,
der vor ihr steht und den auslöser drückt
für GEFÜHL / RAUSCH / ABWEHR / ERGEBUNG (schau mich an)

und sie nicht schnell genug den vorhang schließen kann
zu ihren zwei seelenfenstern, die ihm offen stehen:
hier ANGRIFF, hier RÜCKZUG, er fragt:
was wirst du geben für ein anderes leugnen?

und sie wird antworten: du weißt,
ich hab dazu keine haltung, als sie nachgibt
und mit keinem lidschlag hinter der linse hervortritt
(schau MICH an/SCHAU mich an)

geträumt von berlin

ich laufe durch die zahllosen straßen ost-berlins
+ niemand kommt dabei für mich irgendwo an,
wo immer ich stehen bleibe.
ich schaue in die fenster + sehe silhouetten,
nie gesichter, so als wären alle geister eingezogen
in die nachbarschaft. ich drehe mich um,
schau wieder nach vorn, schließe die augen
+ zähle eins, zwei: und mein schrei zerbricht
zwischen dem tänzeln des regens
+ dem klirren in meinem kopf LAUTSTARK

das flüstern dunkler gespenster

1
haben sie davon gehört
ein andrer ruck zieht durchs land
umzingelt sie + lasst sie nicht ungestört
+ treibt sie mit dem rücken an die wand
2
ja, treibt sie in die enge,
denn für dich sind sie hier nicht zu haus,
+ einem monster mit geschlossenen augen in die fänge,
während draußen sich der sturm aufbauscht
3
schau her, du hast kein wort verstanden
+ nein, du hast nie richtig gesehen,
wie seelen, die erst einmal verschwanden,
nicht eines tages wieder vor dir stehen
4
sagen sie, haben sie davon gehört
ein falscher ruck zieht hier durchs land,
umzingelt geist + furcht + empört
<u>nicht</u> ihn mit den narben auf seiner hand

zwischen:blick I (an jurek)

stell dir nur vor:

beide, er (du) hier / sie (ich) dort
an einem andern ende der welt,
als sie zu ihm sagt:
_____,
+ er lächelnd zu ihr sagt:
_____,
während ein stern nach dem andern
vom himmel fällt

ja, stell dir mal vor:

und das alles für einen kuss,
eine begierde
dass ich niemals deine traumhülle
um mich herum verliere

das könnten wir sein weißt du
sicherer als ich es meine
doch meiner begierde trautest du nicht zu
aufrichtiger zu sein als deine

das könnten wir sein weißt du
trennt uns nun diese scheibe
ein letztes berühren der finger + im nu
rast ein wir davon in weite

dein zug geht bald.
die uhr tickt laut, tickt leise
nein, es war nicht alles falsch,
sagst du auf deine uns verklärende weise

flackern der diebischen lichtpunkte an der decke,
seufzen und der stumpfe flügelschlag des nachtfalters
an der kargen wand gegenüber. wen siehst du?
du spürst den verbrauchten atem an deinem nacken,
als du dich auf seinen schoss hin und her räkelst,
mit seinen händen an deinen hüften, und deine lippen
kreisen um die erinnerung an lust. sie kreisen um
die erinnerung: zu fühlen, um die erinnerung unerfüllter begierde,
sagst du süßlich im ausgeliefertsein, das dich ja verbrennen soll.
warum willst du nicht, dass du mich siehst, sagt er,
als er sie liegen lässt auf dem alten warmen laken
von der nacht davor und im blanken rest von hier, danach

zwei schritte zwischen mir und deinem foto
trennt das fühlen von der möglichkeit
einer sauberen nacht. wir haben uns aufbegehrt
um die toxizität unsres verlangens, in dem alles
geschehen konnte durfte musste für den blick
in feuchte augen, hinter denen ein stilles schwarz
so friedlich wohnt. nur das wollten wir greifen
immer und immer wieder, bis der stechende impuls
unter unsrer haut zu zucken begann, so wie ein herz
rast schnell schneller bis kurz vor dem probieren
des sogenannten letzten ansturms eines lidschlags
den uns hier niemand mehr verkehrt.
heute aber wollten wir zumindest zögern, kassandra,
vor dem griff nach unsrer luft – wir wollten zögern
aber dein foto hat
ja, hat so bitterlich gelogen

schäl ruhig deine wunden fetzen
langsam schicht um schicht
von deiner haut

wie er sich dabei windet
während du verschwindest
+ dein schweigen ist jeder laut

dabei ist das für dich, liebe,
als ein letztes andenken,
bevor ich den rest von mir
anzünde vor deinen augen

wie es sich wohl für dich
anfühlt, siehst du so mich
+ ja, diesmal bleibt dir nichts
andres übrig als mir zu glauben

schäl ruhig deine wunden fetzen...
hier, langsam –
schicht um schicht

die stille des dichters

er sitzt in seinen zimmern und
bewegt kein blatt und
geht ab und wann in die küche und
schüttet die halbe tasse kaffee kalt in den ausfluss und
zündet sich danach eine nach der andern an
(drei hintereinander, dabei raucht er gar nicht) und
sitzt qualmend + wortlos mit dem rücken zum fenster,
als es draußen schon
in den abend hineindunkelt.

Er dreht sich ein mal um,
er dreht sich ein 2. mal um,
nur für einen flüchtigen blick auf den tilsiter platz:
Hier werde ich also sterben
wie geschichten sterben jede nacht im fernsehen

ein erstes verstehen

lina hinterließ keinen von jureks briefen.
jurek ist fort, verstehs doch: fort!
wo er ist / wo sie ist / wo auch immer,
beide zusammen kommen nicht zurück

+ du weißt, wovon ich spreche,
denn sie haben dir alles gesagt...
+ du?
mir nichts.

wenn nicht ich

mein wahn drängt dich zur seite
wer ist er wenn nicht ich
und du würdest mich fernhalten von dir
zurecht in einer weite
nein, sei nicht so leise
zu mir
denn hier: ich leide
während ich den blick
zwischen den zeilen gekonnt vermeide
und du nicht weißt wohin ich ziellos treibe
und warum ich verzweifle
als ich dir diesen zustand ankreide
für den du schon büßen würdest
ja, egal auf welche weise.

2.
ja, halt jetzt still, ich bring uns ins reine
ein für alle mal, ja, ich verneine
jedes motiv das sie mir anlasten werden
und verweise
auf deine geheimnisse und/oder seine
du dachtest wirklich ich würde meine
sachen nehmen und einfach gehen von alleine
aber schade nun, so sind es nicht
meine tränen die ich zur schau stell und weine
denn meine tränen, ja, bleiben meine
deine, nein, sind keine
sind keine

vielleicht gebe ich das schreiben meiner gedichte
für einen anderen von diesen blickwinkeln,
den niemand betrachtet:
niemand sieht hier, wie du alles gesehen hast,
und keiner von uns weiß es wohl niemals
richtig zu schätzen. das würde ich dir dann hinterher
schreiben irgendwann im september,
wenn du längst über die ostsee bist
und ein zurück für dich noch in weiter ferne.

2.
und ich weiß nicht, ob sie dir davon gesagt haben,
aber ich habe angerufen in deinem hotel
(so wie wir es vor deiner abreise besprachen),
und sie wussten auf die schnelle nichts
von dir, und mein verdruss darüber wurde entschuldigt,
als sie verstanden hatten, dass du jetzt
eine andere bist: mit einem neuen namen,
wie sie sagten, und einer neuen erinnerung –
so, als wären du und ich und berlin nie gewesen.

im meer von dir

dich zu suchen, dich zu finden
zwischen den wellen
in frieden mit dir zu verschwinden
wenn nur stille da ist
+ uns umgibt
+ dieser blick in meinen augen
das letzte wird, was du jemals siehst

als deine hand noch einmal
nach meinen lippen greift
+ diese letzte berührung
uns beiden endgültig verzeiht
während wir nun verstehen können
weshalb der himmel schweigt
als jede unsrer tränen
in die tiefe treibt

+ dein herz schlägt so sehr dabei...
ja, es schlägt + schlägt
während du dich immer weiter
fort bewegst
+ dich irgendwann von mir löst
+ nur stille auf meine schreie stößt...
+ dein lächeln, so ruhig + frei

schneerot

wirf deine vorstellung noch nicht weg:
und zeichne mit deinem blut mein gesicht
auf das eingerissene papier vor dir, falte es
und zerdrücke fest meine letzten atemzüge
in diesen roten linien um einen rest
von mir ganz zu verwischen. du weißt,
du wirst recht haben, lina; wir wissen es beide
wie wir auch von dem moment wissen
als du im schnee knietest in einem winter
als dein lächeln noch friedsam war
und du nur jureks namen nanntest

am andern ende

da hinter der wand gewartet auf
beendigung alter verhältnisse
+ beginn neuer verhältnisse
+ ihre ungeduld getilgt
mit einem schuss von tropfendem schleier

+ dabei der eigenen ohnmacht
dreckig ins gesicht geschielt,
während sie in kalten wunden wühlt
+ den schorf von ihren händen kratzt

+ wie sie doch noch hofft, dass das
nicht alles an restleben ist,
was sie greift,
als eine ihrer alten tränen
ihren handrücken streift
+ sie, nach vorn geneigt,
das letztmögliche feuer verneint,
das sie längst nicht mehr entfacht,
als sie erstarrt, zittert, lacht/
ja, als sie weint

ein ganz normaler abend

dass du mich grade so penetrant anstarren musst,
du gutmensch (?!?) im spiegel, vorm einschlafen
zwischen büchern + den stimmen hinter der wand,
ja, beim zurücktreten in die eigene stille.
kerzenflackern, das miles davis quintet seit stunden
in wiederholung + das surren des kühlschranks noch
zu hören bis in den flur (ich armer). etwas, das ich
träumte letzte nacht, 1956. + dazu dieses leere stück
papier für ein oder zwei ideen, heute (?!) gleich belanglose
zeilen in einem rein konstruierten gedicht aus einem
rein konstruierten tag aus lauen konstruierten wichtigkeiten,
die rein nichts haben an gewicht. aber alles bitte
individuell ist die marschroute in dieser deutschen stadt
+ in diesem sicheren haus, wo der nachbar noch so
schön pöbelt über merkel, flüchtling, leitkultur.
+ nebenbei bei ihm + bei mir stummgeschaltet assads
+ putins niederbomben des zivilen syriens in den tagesthemen.

ich bin aufge**wach**t. und sehe mich das erste mal
nach dreiundzwanzig jahren wieder. und dabei dachte ich,
ich würde gar nicht mehr hier sein, und das wäre
nicht mein paar augen, das mich so skeptisch anstiert,
und das nicht meine hand, die über meine haut fühlt
und narben nachzeichnet, deren wunden ich wohl
in einem dunkel gefühlt haben muss. ich drehe mich um
zur seite, aber du bist nicht hier, die mir vorlesen könnte,
was geschehen ist. ich dreh mich zurück. und da bin ich
wieder: ich, nur ich in einem bild, von dem wer träumt,
den niemand mir nennt

deutsches bild

wer ist er, der da steht
mit dem rücken zur wand
der sich windet und dreht
und verbirgt seine hand

wer ist er, den ihr seht
kein wort, das er spricht
zornige wut, die sie brüllen
in sein gesicht

schwarze träume
ein gewitter und rauch
knistern hinter seinem rücken
ein tritt in den bauch

wenn sie ihn jagen und treiben
sie versagen ihm sein recht
wenn hier ein haus in flammen:
ein deutsches bild in echt

durch die schwärze der nacht

1.
da gibt es leute, die
nicht wissen, wohin sie
gehen durch die schwärze
der nacht

da siehst du kinder, die
verwahrlost sich nie
wirklich sicher sein können,
was der vor ihnen
mit ihnen macht

da hörst du stimmen, hörst du, die
lauter schweigen wie
der, der zu allem
nichts weiter sagt,

wenn da hochdotierte ärzte sind, die
keine antwort haben
auf die tränen,
die eine mutter
in verzweiflung wagt

#3satz

1. ein herz mit keinem namen eingestochen
tief unter seiner wunde
2. sie wie wein der schon betäubt einen möglichen
schrei weit unten in der lunge
3. erst in rebellion, dann in geräusch wenn gebrochen
fast liebe weiteratmet nach dieser stunde...

du hast noch nichts von mir erkannt //
+ nichts halte ich dir vor

zwischen:blick II (an lina)

ich hab gesehen, was du siehst:

und lass mich der sein, der dir folgt
durch die dunklen gassen verirrter gedanken
lass mich der sein, lina, dem du vergibst,
wenn seine wirrungen von einem extrem
ins andere schwanken

ich hab dich geliebt, so wie du mich liebst,
seit dem ersten aufschlag meiner lider,
+ zu wissen, dass du mich schiebst
ins andere blau der nacht,
trocknet meine tränen wieder

du – weiß nur eins:

ich verlange nach deinem kuss,
ja, deiner begierde,
die dein sein derart umhüllt,
dass ich es niemals verliere

sehen

wenn ein halbes leben sich herausstellt
als nichts anderes als gelogen
+ dich jede antwort, die du bedacht wähltest,
nicht nur getäuscht hat, sondern betrogen

wie der ring da an deiner hand,
der gar nicht von ewiger liebe spricht,
weil wie alle auch diese illusion deinen verstand
nur umnachtet, und du siehst es nicht,

denn du hast aufgehört, <u>deine</u> fragen zu stellen –
irgendjemand zeigt dir schon was zu tun,
wenn alles zerfließt hier zwischen den wellen –
gegen: wahres sehen: immun

die geschichte von dir und mir

wie kann ich es schaffen
dass wir uns verstecken vor
der wahrheit
die uns hier nicht zusammenführt

und uns einreden
dass der weiße mond
seinen schleier für uns
um die dunkelheit legen wird

damit sie uns nicht blendet vor
unsern träumen in deinen armen
und unsern wünschen in meinen armen
und einer möglichkeit von dir und mir

sag was nur geschehen muss dass
du nicht jeden meiner schritte hinterfragst
und du anfängst zu glauben
meinen worten meinen gesten diesem moment

wenn da nur das rauschen
der wellen um uns ist
und es gibt hierfür keinen anfang
kein ende sondern nur das hier das jetzt

und deine dunklen augen
die nachgeben die einlenken die vertrauen
deren blicke mich beruhigen
wenn sie stille nach mir schauen

und alles dann kommt zur ruhe
alles
wenn dein kopf so sanft lehnt
an meiner schulter, hier

lass die welt warten

glaubst du wirklich, ich könnte dich
einfach so gehen lassen,
+ du mit deinem lächeln
wärst raus aus der tür?

glaubst du wirklich, dass an sich
mein gedanke an dich je schwächeln
könnte, + wenn dus glaubst:
sag, was spräche dafür?

denkst du nicht, dass deine strenge
ja, dass die zartheit deiner hände
dass diese begierde, die ich dreh + wende,
genau das ist, was ich noch einmal brauche –:
hier?

deswegen bitte leg jetzt deine tasche nieder
+ komm zurück
in die noch wärme unsrer weißen laken,
wo ich dich lieben werde immer + immer wieder,
denn die welt da draußen kann noch warten.

von dir zu träumen heißt

endlich atmen, heißt:
ich möchte umgarnt sein von deinen kleinen briefen
wenn du mich doch nur wissen lässt wo du jetzt steckst
denn so unruhig wie deine träume in meinen schliefen
fühle ich mich seit tagen durch den august gehetzt

ich hab dich wochen nicht gesehen, schreibt sie leise
nur diese eine zeile
und darin müsste alles stehen
wovon du zu lesen brauchst über mich auf deiner reise
wenn ich heimlich gedanken zeichne
von unserm wiedersehen

hinter dem mond + regen
für marta benthami

mich erinnern: ein stummer pakt,
ein schweigendes bekennen zwischen den lippen,
auf ihnen etwas von dir spüren + dadurch ein halten?,
das uns abschweifen lässt
hinter dem mond + dem regen.
aber ich glaubte den ersten zeichen von frühling,
du weißt, ich habe dir alles erzählt,
+ dann letzte woche noch einmal dieser schnee
(zwischen meinem weg + deinem),
der nicht gleich schmolz auf deinen lidern,
als von deinen wimpern tropfend
nur ein echo von blick

im schlaf. traumfäng3r/mond remix

du öffnest deine augen neben mir so müde
als ich wach liege neben dir da in deinem schlaf
so schwer als wenn der mond mit sich trüge
eine vorahnung davon dass ich dir von mir gab

worum sich die nacht nun in schweigen kreist
bis weiß hinein in den nächsten morgen
als würde er noch nicht wissen dass du längst weißt
etwas von mir liegt tief in dir verborgen

während ich hier am fenster stehe und sehe wie du
die straße überquerst so hastig von irgendwas getrieben
als würde eine schuld dir nicht sagen können wohin wozu
hab ich uns nur fest in diese rollen hinein geschrieben

und dann diese zarte geste deines mundes, wortlos
wortlos bleibt sie von dir bestehen
wenn mich der umriss deiner nähe nun endgültig verlässt
so als hätte es uns gar nicht... gegeben

nimm deine augen von mir

nimm diesen kuss
und hör auf zu versuchen
so zu sein wie du nicht warst
im letzten herbst

in deinen augen war nämlich nichts
von dem was du jetzt so zwingend probierst
also lass mich dorthin reisen
wohin sehnsüchte reisen
wenn niemand, nein, sie je erhört

ach, und hier ist das bild von dir
das dich nicht zeigt
und ich erkenne mich nirgendwo darauf wieder
so als ob eine geschichte schliefe
deren vermächtnis wir längst verrieten

langsam hier gleiten ferne worte
herab in dein dunkles haar
und wollen gesprochen sein
aus mündern
die einander nicht so sinnlos bekriegen

also sprich mich aus, ruft eins,
und verwende mich
gegen diesen schmerz in der brust
oder gegen ein leben in wellen
deren rauschen wir nicht ertrugen

hinter den lichtern der stadt

reden sie immer nur von der liebe
reden sie immer nur von der liebe,
sagt man, aber sie – hier:
nein, hört davon nie ein wort

wenn nämlich in seinen armen alles für sie ist
+ der fall der letzten träne ein erstes lächeln vergisst,
als der mond mild ihre silhouette trifft,
ist da dieser blick zwischen ihren zweifeln
+ eine furcht...
und er ist fort

hinter den lichtern der stadt, sagt man,
reden sie immer nur von der liebe
reden sie immer nur von der liebe,
aber sie – hier:
nein, hört nie ein wort

über das triefende dunkel der nacht
oder über engel links + teufel rechts
+ ein schicksal: hier: das über allem wacht
sie, nein, hätte nie im leben gedacht,
dass ihre tränen irgendwann brechen könnten,
während sie vor ohnmacht nur verzweifelt lacht,
aber sie, ja, hat es gemacht

hinter den lichtern der stadt
hinter all den lichtern,
sagt man, reden sie immer nur...
ja, immer nur
von irgendeiner ¿liebe?

#marilynslieblingsbild

ich beobachte dich schon lange, marilyn,
ich habe dich im blick.
auch wenn ich dich verpasst habe, marilyn,
ich weiß deinen trick.

du hast der lüsternen welt später
nicht gezeigt, wer du wirklich bist.
du hast sie glauben gemacht,
etwas zu sein, woran du aber zerbrachst.

wir blenden aus, wies wirklich ist.
marilyn, wir blenden aus, und du sahst

in gedanken auf die aufnahme,
die cecil beaton von dir
am 22. februar 1954
im ambassador hotel in new york machte,

mit der rose in deinen händen,
die du an dein herz hieltst,
während das verletzliche funkeln deiner augen
für immer in diesem schwarzweiß erging.

ausbruch des ensembles

kassandra / lina / jurek / n. / siebenschneider
komplizen / gegner / untergrund / neider
+ keiner
von euch war vor '69 hier,
schreibt er:
ost-berlin.

halt sie direkt an deine schläfe,
halt schon! wie ist es mit dieser gefahr?
du hast alles gewusst, jedes detail.

da erst ist die mauer, siehstdu?
halt schon, genau hier //
+ dabei alles nichts als bloße schemen
in deinem kopf

ringen

1. sich selbst ertappend zwischen gittern (= der moment,
wenn du erkennst: du bist nur ein akteur fremder hand)
+ risse umschreiben oder überspringen, ja, auflösen mit
einer subtilen gewalt, die gar nicht deine eigene ist
(ein spiegel zeigt k/d/m/ein gesicht)
2. dabei stehst du immer zwischen zwei orten (es kann
nicht anders sein): hier ODER nirgendwo, und nicht
hier UND dort, wobei du alles gibst für ein ignorieren
als neue re?AKTION, wo immer du grade stehst
(so sind wir beide)
3. du weißt des weiteren: es gibt ein leben nach liebe /
sturm + drang und in dir ein licht, das nicht so einfach
vor sich hin erlischt, wobei – und jetzt hör zu:
die aufgeschürften narben auf deiner haut meist das sind,
was dein gegenüber nicht fühlt

unruhen

kämpf dich durch die nacht.
abtrünnige sterne, radikal, keiner wacht
nicht mal du
bist dir selbst der nächste

du vermummst dein gesicht,
es geht raus
ein entkommen aus dem straßenlicht
klappt nicht, da: es geht aus
da guckt ihr, wa? da stehste

an dem punkt in neukölln
der dich trennt
von der liebe
zu der du vergeblich rennst
immer und immer wieder

doch du möchtest nicht mehr rennen
du willst dein herz vom fühlen abtrennen
hier ein stein,
nirgends ein sieger

nächstes bild

das bloße überfliegen seiner bilder
das durchwühlen der leeren kisten und
ein warten auf den moment,
der nie + nie + nie geschieht

ein warten auf einen ausdruck,
den du nicht beachten wirst
+ ich kaum wahrnehme,
so geblendet von worthülsen sind wir,
die mir alles von dir erzählen, und
nichts

wirst du mich letztlich fragen über
meine letzten tage in prag, und
ich werde dir nichts sagen vom
letzten matschigen schnee
hier an der küste, und
darüber, nein, von beiden seiten
nicht eine sentimentale art des bedauerns,
also

hast du alles bloß gewollt, das weiß ich jetzt,
nur nichts verlangt,
+ ich konnte dir alles nicht versprechen,
das hast du schnell verstanden,
mit dem kleinen warmen nichts vor dir
hier noch in meinen händen,
bevor du gingst

naile

ich darf niemals für dich sein,
sagt dir dein vater,
also halte (es) aus ohne seine liebe,
sagt er –
oder geh...

naile, dein schwarzes haar so weich,
naile, und das kissen, auf dem dein duft
+ ich, ja, ich, noch zehrend vom süßlichen ton
deiner zimtigen haut,
mich winde gegen diesen schnitt.

naile, deine stimme in meinem kopf,
hörst du?
hier deine weichen lippen, die geschlossnen lider,
unter denen wir träumen, ein letztes mal
jedes berühren, ein festhalten, ein leugnen,
ja, eine vernunft, die wir nicht sind.

du hier neben mir,
+ nichts andres hat jemals bestand,
was jemand zuvor je so zärtlich fand
vor deinem blick in die stille...

geräusch; stille...
¿wie ich sie nur jemals ohne dich fülle?

unscheinbarer nachbar

vielleicht ist ja die dunkelheit
seine chance hier raus,
ein:bruch zwischen den worten

wie eingemauert für alle ewigkeit
in diesem fremden haus,
von allen möglichen orten

überlistet er hier sein schweigen
+ schaut zur tür:
warum ein pochen zwischen meinen händen?

für einen letzten versuch zu bleiben
+ zu wissen wofür,
bevor die letzten kapitel enden

der gedanke an ein mögliches vergessen
zwischen ihren schenkeln. punkt.
der gedanke an ihre lippen
ja, genau hier auf haut
und haut. punkt?

sie räkelt ihren mageren bloßen körper
vor seinen augen... so jung ist sie? + verdächtig
und inszeniert einen auszug
von dieser + einer fantasie in seinem kopf.

er wartet. ihre bewegungen bleiben so fern
hinter der scheibe,
und ihre haltung zeigt klar:
dukannstallesvonmirhaben
ohnemichzubekommen

er wendet sich ab
er wartet
und wartet
+ sieht das mädchen danach nie wieder

zwischen:blick III (s. an j.)

im kampf gegen die ohnmacht bewährt sich
als einziges mittel das radikale niederreißen
falscher fassaden, hinter denen sich verstecken:
furcht / dunkle lust / und jede mögliche art von bekenntnis,
auf die er für sich nichts zu erwidern weiß
(ich habe dir das schon so oft gesagt, jurek,
selbst nach berlin). nur ein grimmiger ausdruck
auf siebenschneiders gesicht indiziert ihm halbwegs
die stimmung zwischen den lagern, die er selbst
in sich aufgebaut hat. also, sagt s.:
das ist der spiegel / da ist der feind / und nach allem
soll nur noch die klirrende ruhe zu hören sein
zwischen den scherben und deinem beginn

liebe

nichts zu verraten diesmal + ein staunen
auf ihrem gesicht, das wie versteinert
seine konturen behält
für mehr als nur eine sekunde

+ dann ein kurzes lächeln
+ ein zerbrechen einer letzten leisen hoffnung
hinter dem verschleierungsversuch
ihrer graublauen augen,
so dass niemand in ihrem blicke
irgendetwas liest:

du, ich habe nicht gewusst,
was du mir wirklich bedeutest,
bis ich dich <u>das</u> eine mal zu viel
von mir stieß,
+ du, ja, bist genau <u>dieses</u> eine mal
wirklich: von mir: gegangen

ruhe vor dem sturm

die ruhe vor dem letzten sturm
eingekapselt in seinen venen
das falsche aus allen losen gezogen
+ letztlich niemanden gesehen

zwischen den linien da auf seinem langen weg
nein, nichts weiter als bloße skizzen leben
auf denen auch nur gekritzelt steht
was sie, wenn überhaupt, von dir nehmen

also reden wir nur? von einem denken
von dem du angeblich weißt
dass sie?! bewusst deinen fokus lenken
auf wunden, die wer?! aufreißt?

#dieletztefarbe

keine wunde, die du aufreißt?
ein letzter schuss zwischen:gefühl
ein denken, von dem du angeblich weißt
+ doch nur blankes kalkül

er hat dich also ertappt
hier mit worten mit / ohne bestand
sie nun wendet sich ab,
eiskaltes pochen in deiner hand

während sich ihr licht entfernt von dir
ein vager blick, da die narbe
zeichnest du nach ein erinnern von ihr
in dieser letzten farbe

in den skizzen fremder träume
nachbemerkung

das ist die geschichte von lina + jurek. das ist ein nachzeichnen von spuren zweier suchender, deren erste begegnung ausgangspunkt + grobe rahmenhandlung ist für einen fuß setzen hinter den zaghaften blick des andern, unter dem sich alles zu verbergen versucht, ja, alles – und nichts: eine eiskalte? begierde in einem treiben von wut, lust, anziehung + dabei immer wieder eine abkehr voneinander: gegeneinander hinter tausend linien, zwischen denen die bloßen grenzen beider verwischen:

lina, jurek, naile, david, liam, kassandra – das ensemble der letzten theaterarbeit von regisseur klaus siebenschneider in ost-berlin, anfang der 1970er jahre, noch vor dem ausbruch aus einen system, das sie (nicht mehr lange) hält.

der vorliegende band #DIELETZTEFARBE ist teil von drei projekten des künstlers, die sich miteinander thematisch + unter mitwirkung der genannten protagonisten komplettieren; die andern beiden projekte sind zum einen der erste romanversuch IM DEZEMBER, JUREK sowie die arbeit an einer dokumentation mit dem titel INSANDEREBLAUDERNACHT (neben weiteren ideen für eine theateradoption desselben stoffes).

in den vorliegenden stücken wird ein erster einblick in die gedanken, die gefühle + in die subtile verlassenheit einzelner akteure gewährt, die zugleich auch ein alleinsein des betrachters anstrengt + offenlegen kann: ein unterdiehautgreifen / das ausmacheneinerschmerzlichenohnmacht – alles, was benötigt wird, damit wunden heilen + ein sichselberspüren wieder möglich wird.

neben dieser rahmenhandlung treten gedichte in erscheinung, die gelöst von beschriebener hauptthematik sind, deren aufnahme jedoch in den band von unabstreitbarer wichtigkeit ist: so erzählen sie von ausbrüchen hinein in sozialkritische töne (welche heutzutage mehr als gebraucht werden), hinein in das starren in das eigene bild, das anstiftet zu trügen + zu verführen, ja, hinein in zufällige skizzen fremder träume – sprich: die betrachtung + beschreibung eines seins hinter den lichtern der stadt.

—

postscriptum: wo immer DU bist... es heißt: jeder bekommt den traum, den er verdient – in der hoffnung, seinen eigenen eines tages leben zu können. so wie lina jetzt / so wie jurek / oder einst auch kassandra... // und hinter all den ruinen – wirst du irgendwann erkennen –, beginnst DU.

Einzeltextnachweise

stand der ermittlungen
geschrieben: 06.05.2016, zuvor unveröffentlicht.

I

heimlich
geschrieben: 05./25.03.2016, zuvor unveröffentlicht.

ein stummes begehren
geschrieben: 25.03.2016, zuvor unveröffentlicht.

keine der letzten nächte hat irgendwas
geschrieben: 13.02.2016, zuvor unveröffentlicht.

unterm neonlicht
geschrieben: 27.01.2016, zuvor unveröffentlicht.

das ist kassandra, und
geschrieben: 21.08.2015, zuvor unveröffentlicht.

geträumt von berlin
geschrieben: 24.03.2016, zuvor unveröffentlicht.

das flüstern dunkler gespenster
geschrieben: 15.05.2016.
Erstmals veröffentlicht in audiovisuellem Format
als traumfäng3r/leseprobe #06
auf der Facebook-Autorenseite
BEN KRETLOW, 16.05.2016.

zwischen:blick I (an jurek)
geschrieben: 17.05.2016, zuvor unveröffentlicht.

das könnten wir sein weißt du

geschrieben: 12.11.2015.
Erstmals veröffentlicht auf der Facebook-Autorenseite
BEN KRETLOW, 13.11.2015.

flackern der diebischen lichtpunkte an der decke

geschrieben: 22.03.2015.
Erstmals veröffentlicht auf der Facebook-Autorenseite
BEN KRETLOW, 23.03.2015.
Ursprünglich vorgesehen zur Veröffentlichung im
bislang unveröffentlichten Band VELVET.

zwei schritte zwischen mir und deinem foto

geschrieben: 20.09.2015
Erstmals veröffentlicht auf der Facebook-Autorenseite
BEN KRETLOW, 22.09.2015.

schäl ruhig deine wunden fetzen

geschrieben: 21.01.2016, zuvor unveröffentlicht.

die stille des dichters

geschrieben: genaues Entstehungsdatum unbekannt,
vermutlich zwischen September – Dezember 2015.
Erstmals veröffentlicht auf der Facebook-Autorenseite
BEN KRETLOW, 07.03.2016.

II

ein erstes verstehen

geschrieben: 04.05.2016, zuvor unveröffentlicht.

wenn nicht ich

geschrieben: 12.09.2015.
Erstmals veröffentlicht auf der Facebook-Autorenseite
BEN KRETLOW, 17.09.2015.

vielleicht gebe ich das schreiben meiner gedichte

geschrieben: 10.03.2016.
Erstmals veröffentlicht auf der Facebook-Autorenseite
BEN KRETLOW, 12.03.2016.

im meer von dir
geschrieben: 16.01.2016.
Erstmals veröffentlicht auf der Facebook-Autorenseite
BEN KRETLOW, 21.01.2016.

schneerot
geschrieben: 22.10.2015, zuvor unveröffentlicht.

am andern ende
geschrieben: 27.01.2016, letztmals überarbeitet
am 09.02.2016,
zuvor unveröffentlicht.

ein ganz normaler abend
geschrieben: 15.02.2016.
Erstmals veröffentlicht auf der Facebook-Autorenseite
BEN KRETLOW, 16.02.2016.

wach
geschrieben: 23.08.2015.
Erstmals veröffentlicht auf der Facebook-Autorenseite
BEN KRETLOW, 24.08.2015.

deutsches bild
geschrieben: 04.09.2015.
Erstmals veröffentlicht im Sonderband TRÜMMERSEELE
des von Ben Kretlow im Sommer 2013 initiierten
SternenBlick-Projektes.

durch die schwärze der nacht
ursprünglich geschrieben am 26.02.2016.
Diese Fassung erstmals veröffentlicht
auf der Facebook-Autorenseite BEN KRETLOW, 26.02.2016.
Die hier vorliegende Fassung vom 25.03.2016
wurde um fünf Strophen gekürzt
und zudem textlich minimal verändert.

#3satz
geschrieben: 25.03.2016, zuvor unveröffentlicht

zwischen:blick II (an lina)
geschrieben: 17.05.2016, zuvor unveröffentlicht.

sehen
geschrieben: 15.05.2016, zuvor unveröffentlicht.

III

die geschichte von dir und mir
geschrieben: 02.08.2015.
Erstmals veröffentlicht auf der Facebook-Autorenseite
BEN KRETLOW, 21.11.2015.

lass die welt warten
geschrieben: 07.02.2016.
Erstmals veröffentlicht auf der Facebook-Autorenseite
BEN KRETLOW, 08.02.2016.

von dir zu träumen heißt
geschrieben: 30.08.2015.
Erstmals veröffentlicht auf der Facebook-Autorenseite
BEN KRETLOW, 04.09.2015.

hinter dem mond + regen
für Marta Benthami geschrieben am 02.05.2016.
Erstmals veröffentlicht in audiovisuellem Format
als traumfäng3r/leseprobe #05 auf der
Facebook-Autorenseite BEN KRETLOW, 02.05.2016.

im schlaf. traumfäng3r/mond remix
Originalfassung geschrieben: 25.07.2015.
Erstmals veröffentlicht auf der Facebook-
Autorenseite BEN KRETLOW, 15.08.2015.
Die hier vorliegende Fassung wurde erarbeitet
am 29.08.2015.
Erstmals veröffentlicht auf der Facebook-Autorenseite
BEN KRETLOW, 29.08.2015.

nimm deine augen von mir
geschrieben: 30.03.2015.
Erstmals veröffentlicht auf der Facebook-Autorenseite
BEN KRETLOW, 19.05.2015.

hinter den lichtern der stadt
geschrieben: 06.05.2016, zuvor unveröffentlicht.

#marilynslieblingsbild
Originalfassung geschrieben: 12.07.2013.
Erstmals veröffentlicht im Lyrikband
RAUSCH UND SCHERBEN, Juli 2014.
Zudem veröffentlicht auf der Facebook-
Autorenseite BEN KRETLOW, 01.07.2014.
Die hier vorliegende Fassung wurde erarbeitet
am 19.12.2015. Erstmals veröffentlicht
auf der Facebook-Autorenseite BEN KRETLOW, 23.12.2015.

ausbruch des ensembles
geschrieben: 04.05.2015, zuvor unveröffentlicht.

ringen
geschrieben: 11.05.2015, zuvor unveröffentlicht.

unruhen
geschrieben: 20.06.2015.
Erstmals veröffentlicht im Lyrikband HIER, ETC., Juli 2015.
Zudem veröffentlicht auf der Facebook-Autorenseite
BEN KRETLOW, 11.09.2015.

IV

nächstes bild
geschrieben: 01.04.2016, zuvor unveröffentlicht.

naile
geschrieben: 03./08.04.2016.
Erstmals veröffentlicht auf der Facebook-Autorenseite
BEN KRETLOW, 08.04.2016.

unscheinbarer nachbar
geschrieben: 09./18.05.2016, zuvor unveröffentlicht.

der gedanke an ein mögliches vergessen
geschrieben: 20.05.2016, zuvor unveröffentlicht.

zwischen:blick III (s. an j.)
geschrieben: 20.05.2016, zuvor unveröffentlicht.

liebe
ursprünglich geschrieben am 12.02.2016.
Jene Fassung war auch in der ersten
Manuskriptsfassung vom 13.02.2016 enthalten,
bis dato unveröffentlicht.
Die hier vorliegende Fassung wurde erarbeitet
am 18.05.2016, zuvor unveröffentlicht.

ruhe vor dem sturm
geschrieben: 18.05.2016, zuvor unveröffentlicht.

#dieletztefarbe
geschrieben: 09.05.2016, zuvor unveröffentlicht.

danksagung

besonderen dank für ihre geschichten und ihr vor-
bild –

lina schattner, jurek kaufmann, lilly kauf-
mann, naile, kassandra, david, liam und regisseur
klaus siebenschneider.

zuspruch + dank gehen zudem an @SternenBlick
für all das, was wir bisher gemeinsam aus unsrer ur-
sprünglichen intention geschaffen haben + in zu-
kunft weiter erreichen werden:
#wohltat #kinderlachen #wortkunstfürtoleranz

marta benthami, sie:weiß:es, meinen eltern +
meinem bruder, margarita neumüller, fl.en.net, so-
wie allen freunden + traumfäng3rn
in der @traumfäng3rfabrik für das, was ihr mir seid:
DANKE.

Ben Kretlow, geboren
1985, ist ein deutscher
Schriftsteller und lebt in
Kiel.

Ausgezeichnet als Autor
des Monats Februar 2014
von XinXii.com,
Europas größtes
Selfpublisher-Onlineportal.

U. a. letzte Veröffentli-
chung im Selbstverlag:
"hier, etc." (2015)

Darüber hinaus ist Ben Kretlow
Projektinitiator des "SternenBlick"-Projektes
sowie Mitherausgeber des ersten Jahrbuchs
"SternenBlick – Ein Gedicht für ein Kinderlachen".

Weitere Informationen finden Sie hier:
Facebook – Autorenseite Ben Kretlow
www.twitter.com/BenKretlow
www.kiel-wiki.de/BenKretlow
www.sternenblick.org

Alle Veröffentlichungen, aktuelle Ausschreibungen und der Spendenstatus sind der Homepage des Publikationsprojektes zu entnehmen:

www.sternenblick.org

Näher am poetischen Herzen

Inhalt

stand der ermittlungen _____ 9

I

heimlich _____ 13
ein stummes bekennen _____ 14
keine der letzten nächte hat irgendwas _____ 15
unterm neonlicht _____ 16
das ist kassandra, und _____ 17
geträumt von berlin _____ 18
das flüstern dunkler gespenster_____ 19
zwischen:blick I (an jurek) _____ 20
das könnten wir sein weißt du _____ 21
flackern der diebischen lichtpunkte..._____ 22
zwei schritte zwischen mir und deinem foto ___ 23
schäl ruhig deine wunden fetzen _____ 24
die stille des dichters_____ 25

II

ein erstes verstehen_____ 29
wenn nicht ich _____ 30
vielleicht gebe ich das schreiben... _____ 31
im meer von dir _____ 32
schneerot_____ 33
am andern ende _____ 34
ein ganz normaler abend _____ 35
wach _____ 36
deutsches bild_____ 37
durch die schwärze der nacht _____ 38
#3satz _____ 39
zwischen:blick II (an lina) _____ 40
sehen_____ 41

III

die geschichte von dir und mir _____ 45
lass die welt warten_____ 46
von dir zu träumen heißt _____ 47
hinter dem mond + regen_____ 48
im schlaf. traumfäng3r/mond remix_____ 49
nimm deine augen von mir _____ 50
hinter den lichtern der stadt_____ 51
#marilynslieblingsbild _____ 52
ausbruch des ensembles_____ 53
ringen _____ 54
unruhen_____ 55

IV

nächstes bild_____ 59
naile_____ 60
unscheinbarer nachbar_____ 61
der gedanke an ein mögliches vergessen ____ 62
zwischen:blick III (s. an j.) _____ 63
liebe_____ 64
ruhe vor dem sturm_____ 65
#dieletztefarbe_____ 66

in den skizzen fremder träume_____ 68
Einzeltextnachweise _____ 70